A Criança Encantada

4ª Edição

A Criança Encantada

C. Jinarajadasa

Editora Teosófica

Título do original em inglês:
The Wonder Child

The Theosophical Publishing House
Adyar, Madras 600 020, Índia

Edição em inglês:
Quarta edição, 1983

Editora Teosófica
Quarta edição, 2018

EDITORA TEOSÓFICA
SIG - Quadra 6 - lote 1235
70.610-460 Brasília-DF, Brasil
Tel.: (061) 3322-7843
Fax: (061) 3226-3703
www.editorateosofica.com.br

J61

A Criança Encantada

Brasília, 2018

ISBN 85-85961-07-4

Assunto: 1. Teosofia
2. Parábola: Sabedoria
3. Literatura infantojuvenil

CDD 212

Capa:
Fernando Lopes
Composição/Diagramação:
Reginaldo Mesquita
Tradução: Carlos Cardoso Aveline
Revisão: Zeneida Cereja da Silva

Dedicado à
CRIANÇA DIVINA
que nasceu em Belém

Sumário

I
A Desobediência às Leis

Era uma vez um rei e uma rainha – e eles tinham quatro filhos, dois garotos e duas garotas. O rei fazia o melhor que podia para governar bem seu país, mas ainda assim havia pessoas maldosas que faziam coisas erradas, e que não gostavam de obedecer às leis do país.

Os cidadãos culpavam o rei, afirmando que ele não sabia governar da maneira certa. E então algumas pessoas começaram a dizer que, se a rainha governasse em lugar do rei, talvez houvesse menos pessoas maldosas. Pouco depois, todos estavam pedindo que a rainha governasse. O rei era realmente bom, e só queria o melhor para o seu povo. De modo que, quando as pessoas quiseram que a rainha governasse, ele – contente – concordou.

Então a rainha começou a governar. O povo notou a mudança imediatamente, porque as pessoas mais conhecidas como maldosas imediatamente abandonaram seus maus comportamentos e começaram a viver como bons cidadãos. Parecia realmente que uma Era de Ouro estava por nascer. Mas, infelizmente, de modo muito lamentável, algumas pessoas que eram boas, quando o rei governava, começaram a desobedecer às leis e fazer coisas más. Como isso continuou crescendo, e a rainha não conseguia curá-las dos seus vícios, em seguida o povo começou a murmurar de novo. Agora todos estavam dizendo que a rainha estava governando mal, e que a generalização dos erros era resultado de sua ineficiência no governo. Então alguém sugeriu uma ideia brilhante. Se o príncipe herdeiro governasse, não haveria maldade no país. A proposta ganhou apoio popular, e todos passaram a querer o príncipe. A rainha, que era muito boa e generosa, foi favorável a que seu filho governasse e, consequentemente, abdicou do trono em seu favor, em meio aos aplausos de todos. O príncipe herdeiro era agora o governante do país.

Durante algum tempo, foi tudo bem. Parecia não haver maldade em lugar algum, e o povo dizia: "Agora sabemos quem pode governar melhor!" Mas, depois, um novo tipo de pessoas más começou a aparecer gradualmente, e em seguida já havia tanta ilegalidade como antes. Novamente as pessoas murmuravam, e diziam que a má situação do país se devia ao mau governo do príncipe. Alegavam que ele devia ceder o lugar à sua irmã, a princesa mais velha. O príncipe cedeu com alegria o poder, abdicando em favor da sua irmã.

Como antes, no começo tudo foi bem. A maldade desapareceu. Mas novamente – como havia ocorrido antes – apareceu um novo tipo de maldade em pessoas que até aquele momento haviam sido boas e cumpridoras da lei. Consequentemente, as pessoas mobilizaram-se por uma mudança, e pediram ao rei que o segundo filho passasse a governar. Quando ele começou seu governo, aconteceu a mesma coisa de antes. Um tipo de maldade desapareceu, mas surgiu uma nova espécie de maldade. Nunca o mesmo tipo de pessoas errava sob dois governantes diferentes. O príncipe mais jovem foi afastado pelo povo, e a segunda princesa assumiu o poder. Mais uma vez ocorreu tudo igual; a maldade desapareceu, mas novas maldades surgiram em novos lugares.

Todos os membros da família real haviam feito o melhor que podiam para ajudar o povo, mas as coisas não haviam melhorado. Depois de muita confusão e perplexidade, o povo disse, finalmente: – "Vamos governar a nós mesmos". A ideia parecia muito inteligente e de bom senso, e – além disso – não havia outra solução. Mas agora surgia uma questão: como o povo poderia governar a si mesmo? E passou muito tempo – muitas gerações, na verdade – até que as pessoas compreendessem como poderiam governar a si mesmas. Durante muito tempo, elas tentaram uma República, em que todos os homens e mulheres tinham direito de fazer as leis e definir as prioridades administrativas do país. Durante algum tempo, as pessoas más diminuíram em número, e todos pensaram que a Era de Ouro havia, afinal, começado. Mas, com a vinda aparente da Era de Ouro, um novo tipo de pessoas más começou a aparecer. Algumas pessoas boas, que ninguém esperaria que fizessem coisas erradas, começaram a fazer todos os tipos de erros e maldades. O mais estranho era que as novas maneiras de desrespeitar as leis eram extremamente criativas e originais.

Então os cidadãos trocaram a República por uma Oligarquia, e depois por outra Oligarquia, e outra. Oligarquia quer dizer governo de poucos. E, uma e outra vez, eles elegiam alguns poucos entre eles que pareciam ser os melhores – e lhes davam o poder para que governassem. Cada oligarquia dizia para si mesma e para o povo: – "Nós sabemos como governar bem", e o povo, agradecido, respondia a cada vez: – "Nós acreditamos e confiamos em vocês". Cada oligarquia conseguia governar bem – durante algum tempo.

Mas apesar de todo o bem que o novo governo fazia, novos comportamentos errados apareciam no povo, e sempre uma lei ou outra estava sendo desrespeitada.

Um dia, desesperados, os cidadãos disseram:

– "Vamos fazer com que cada um governe o seu vizinho, dizendo-lhe o que fazer, e punindo-o quando fizer algum mal".

Naquele tempo, todos moravam em casas, e as casas tinham pátios e jardins. Naturalmente, enquanto cada cidadão estava governando, como um rei, o vizinho que morava à esquerda da sua casa, tinha que obedecer ao vizinho que morava à direita.

Durante algum tempo, esse sistema de governo funcionou bem, e todos os desrespeitos à lei e os erros anteriores desapareceram. Mas cada vizinho – é claro que sempre o da esquerda – descobria uma nova maneira de ir contra as leis do país.

Até que, finalmente, o povo não sabia mais o que fazer. Num ato de desespero, os cidadãos decidiram ter sete governantes diferentes, um para cada dia da semana. O rei devia governar na segunda-feira, a rainha na terça, o príncipe herdeiro na quarta-feira, a princesa mais velha na quinta, o príncipe mais moço na sexta-feira, e a segunda princesa no sábado. No domingo, cada cidadão governaria o vizinho que morasse à esquerda da sua casa.

As coisas continuaram desse modo por muito tempo. É claro que a situação não melhorou. O único consolo era que todas as maneiras conhecidas de erro e de maldade desapareciam uma depois da outra, embora novas maneiras estivessem aparecendo o tempo todo.

Havia uma coisa muito estranha. Certos tipos de maldade pareciam ocorrer mais em um dia da semana que nos outros seis. Cada dia, com seu governante especial, tinha um tipo determinado de gente que desrespeitava as leis. Havia um grande segredo, que ninguém sabia exceto o rei – ou a rainha, ou o príncipe herdeiro, ou quem fosse o governante naquele dia –; a maldade especial do dia, que ele tinha que punir no criminoso à sua frente, era exatamente a forma de maldade que ele, o rei, teria cometido se ele não fosse o governante, mas sim o cidadão. Na segunda-feira o rei costumava assombrar-se – secretamente, é claro – ao ver como aqueles que ele tinha que punir por desrespeitarem a lei só estavam fazendo o que ele próprio queria, em segredo, fazer. Na terça-feira era a vez da rainha ficar assombrada. Aquilo que ela não ousava fazer, a não ser em pensamento, os acusados trazidos até ela para julgamento e condenação estavam fazendo abertamente. No domingo, quando cada cidadão tinha que punir seu vizinho, já sabia que este havia feito o que ele mesmo planejara em segredo. Era curioso como, na segunda-feira, quando o rei tinha de sentar-se para dirigir os julgamentos, ele era muito severo com aqueles que haviam feito abertamente o que ele havia querido, secretamente, fazer. Na terça-feira, a rainha era severa, na quarta o príncipe herdeiro, e assim em cada dia da semana. O domingo era terrível. Todos eram severos com seus vizinhos, e havia tristeza por toda parte.

As coisas continuavam desse modo infeliz, e ninguém sabia qual era o problema. É claro que cada um tinha uma solução, e todas as soluções eram pacientemente adotadas. Mas, depois de algum tempo, novas formas de maldade apareciam outra vez.

Até que um dia todos se cansaram disso e disseram:

– “Não vamos incomodar-nos mais com essa questão de governo. Vamos parar de perder tempo tentando fazer com que as pessoas sejam boas. Vamos conviver com a sua maldade".

E, por estranho que pareça, essa decisão pareceu dissipar as nuvens de preocupação que havia muito tempo pairavam sobre aquele povo. Um espírito novo e juvenil pareceu invadir cada um, e todos se puseram a trabalhar para colocar em prática o novo plano.

O primeiro resultado foi que cada cidadão teve que ficar mais paciente. Quando um ato mau era praticado contra alguém, ao invés de, como antes, querer vingança ou exigir que o autor da maldade corrigisse seu comportamento, a pessoa agora tentava ser paciente e cobrir a ferida aberta com um sorriso. Ninguém mencionava pessoas que desrespeitavam a lei, nem atos maldosos, embora as leis continuassem sendo desrespeitadas, e as pessoas fizessem maldades. Mas, embora o mal fosse feito, ninguém pensava no homem, ou na mulher, ou na criança que o havia feito, porque cada um que era ferido era paciente e esquecia quem havia feito a ofensa. É claro que havia a dor, e todos queriam terminar com ela. Mas pensar em quem havia causado a dor não adiantava. Por isso, quando um homem era prejudicado, ele logo esquecia quem o prejudicara. Todos, agora, estavam ficando pacientes.

Então, pouco a pouco, as pessoas começaram a fazer uma misteriosa descoberta. Viram que se alguém havia feito uma maldade contra você – por exemplo – fora você que, na verdade, despertara a maldade dentro do outro. No começo a idéia parecia inaceitável, e muita gente ficou chocada ao pensar nela pela primeira vez. Mas, lentamente, as pessoas foram descobrindo que era verdade. Na segunda-feira o rei começou a sentir que ele despertava em seus súditos um tipo especial de maldade. – "Mas isso é horrível", diziam todos.

E, no entanto, era verdade. Então cada homem e cada mulher começaram a ser humildes de fato; agora não era mais uma questão de forçar alguém a ser bom – mas, sim, de deixá-lo em paz.

II
A Criança Encantada

À medida que cada um fazia seu próprio treinamento em paciência, notava um fato novo e estranho em si mesmo. A pessoa ficava interessada no que as crianças andavam fazendo. Enquanto a nuvem de preocupação consigo mesmo se dissipava, o cidadão ia ficando fascinado pela vida das crianças. Os gestos e os sorrisos das crianças pareciam trazer uma lembrança de algo doce e bonito, que a alma havia conhecido um dia, mas esquecera. A dor da vida, que o cidadão carregava consigo todo o tempo, parecia ficar um pouco esquecida, enquanto ele olhava as crianças brincando. Pensar, agora, era um pouco menos confuso. As pessoas pareciam mais rápidas em compreender as coisas com seu próprio pensamento – tudo porque haviam começado a amar melhor as crianças. Todo o mundo falava da alegria de amar as crianças, porque isso aumentava a felicidade da vida. No entanto, ninguém havia percebido que amar as crianças era começar a obter a parte mais básica da sabedoria. Mas por que motivo crianças e sabedoria estavam intimamente conectadas? Esse mistério ninguém sabia explicar.

Foi então que um fato novo, e mais assombroso, começou

a ser descoberto por aqueles que, desenvolvendo a paciência, aproximavam-se mais e mais da vida das crianças. Quando eles olhavam uma criança que brincava, e recebiam o sorriso gracioso e confiante dela, começavam a notar que a contraparte daquela criança graciosa estava em si mesmos. Por mais velho que alguém pudesse ser, por mais ferido e cansado pela batalha da vida, sempre cada criança parecia acordar uma contraparte em algum lugar no íntimo da pessoa. Em pouco tempo as pessoas passaram a ter necessidade de ver crianças; de uma maneira totalmente inesperada, elas traziam pureza ao coração e à mente. A vida – que havia perdido com o passar do tempo seus tons delicados – parecia recuperar as suas tonalidades antigas e inesquecíveis, e parecia ir mais fundo, até o âmago da pessoa, mesmo que o corpo já estivesse gasto e fraco. Homens e mulheres compreendiam, emocionados, que o que eles haviam considerado completamente perdido estava voltando à vida outra vez.

Com o crescimento do amor pelas crianças, cada um começou a ter uma nova compreensão de si mesmo. Não havia uma só pessoa naquele povo que não tivesse feito muitas coisas más. Todo um conjunto de coisas feias acompanhava cada um como uma sombra. Antes era sempre muito doloroso olhar para trás e ver as formas feias dos erros que cada um fazia quando, levado pelo desejo de viver, lutava para beber na fonte da satisfação. Mas agora, quando ele olhava para trás e via a lista de maldades cometidas, sentia, com intensidade crescente, que aquelas formas feias não eram suas. Porque, desde que começara a amar as crianças, cada pessoa descobria que uma parte sua era como uma criança pura e inocente; a cada dia ficava mais real, mais intenso e claro na consciência do cidadão que havia uma parte dele mesmo que nunca havia sido contaminada pelo mal que outra parte sua fazia.

Com a descoberta dentro de cada um dessa criança encantada, pura e sem mácula, surgia uma curiosa dissociação do passado. Antes, quando um homem olhava para trás e via seus maus pensamentos e más ações, costumava dizer: "Aquele era eu". Mas agora, depois da sua descoberta da vida infantil, ele dizia: “Aquele não era eu”. Ele sentia profundamente que aquelas formas feias, que o cobriam como máscaras quando fazia coisas erradas, não tinham em si nada do seu eu real. Como é que uma criança encantada poderia ter algo em comum com luxúria e ganância, com ódio e orgulho? Sem dúvida era ele, e não outro, que colocava em movimento uma força má após outra. No entanto, ele agora sentia que não havia sido ele mesmo que transigira assim com o mal.

Essa descoberta por parte de cada um, de que não era o seu verdadeiro eu que havia causado o mal, libertou a mente de um grande peso. O pecado passou a ser agora apenas uma lembrança e não uma mancha na brancura da alma. As falhas do passado não anulavam mais a confiança de cada um em si mesmo. Era um sentimento maravilhoso desligar-se dos eus antigos com seus desesperos e culpas. Agora era possível contemplar qualquer tarefa elevada sem que alguém viesse dizer que ela estava fora do alcance. O espírito que negava e duvidava foi, afinal, posto de lado, junto com o feio passado.

Depois da descoberta do que cada pessoa realmente era, ficou óbvio que todos haviam errado ao fazer julgamentos. O mundo sempre havia julgado as pessoas mais pelos seus erros do que pelos seus acertos; nunca havia dado crédito às boas intenções, quando alguém tentava fazer o bem mas fazia o mal. Cada vizinho havia se lançado sobre o não eu que estava fazendo coisas erradas e gritado: "Castigo para ele, o pecador!" A imagem do verdadeiro eu do cidadão, que o seu vizinho havia visto algumas vezes, desaparecia da mente deste quando ele olhava o não eu; ele contemplava algo falso, mas o classificava com o rótulo de realidade. Assim, não só a condenação era injusta, mas o remédio era, também, completamente ineficiente. As pessoas eram punidas todos os dias, mas isso não transformava o mal em algo tão repelente que elas renunciassem a ele, nem fazia do bem algo tão atraente que as pessoas sentissem uma forte necessidade dele. As punições faziam sofrer, mas nunca curavam.

À medida que cada um começava a perceber como o mundo o havia compreendido e julgado de um modo fundamentalmente errado, faltava um passo apenas para compreender que ele próprio havia compreendido mal as outras pessoas. Os outros também deviam ter um não eu quando haviam feito a maldade contra a qual todos gritavam com raiva. Seria possível que aquele não eu na outra pessoa tivesse algo em comum com uma criança encantada? Seria possível que essa criança encantada estivesse nele agora?

III
Encontrando a Criança Encantada

Em seguida a vida ganhou algo maravilhoso que ninguém jamais havia sonhado. Lembrando o segredo do eu interior de cada um – a criança encantada que era feita de luz e não podia ser manchada por nada que viesse da escuridão – cada cidadão olhava para os outros com um novo olhar. Nem todos viam imediatamente a criança encantada no vizinho; alguns a viam bem rapidamente, mas outros demoravam anos para vê-la; e outros morriam sem nunca ter visto aquele milagre. Se alguém havia conservado, mesmo ocultamente, algo da sinceridade que o havia caracterizado na infância, seu vizinho descobria o mistério escondido; mas se a pessoa havia-se endurecido, se era amarga e tendia a suspeitar de tudo, permanecia sendo, como antes, uma personalidade monótona com apenas algumas poucas qualidades que a redimiam.

Para os poucos que alcançavam a nova visão, começaram a acontecer, uma a uma, certas experiências maravilhosas. Era como se uma criança que vivia em algum lugar desolado e coberto de neve fosse subitamente transportada às praias do mar Mediterrâneo no começo da primavera, quando a cada manhã uma nova flor revelava sua beleza sob a luz dourada do sol. Por todos os lados havia crianças encantadas, cada uma irrompendo de debaixo da camada externa insensível das pessoas. Ver isso despertava admiração, e admirar causava a sombra de uma dor no coração, e a lembrança de algo que não se sabia bem o que era, mas que significava uma paz, um descanso e um contentamento eternos.

Uma após a outra, as crianças encantadas tornavam-se visíveis para aqueles que procuravam por elas. De todas as aventuras da vida, a preferida era a busca da criança encantada. Não havia regras precisas para esta investigação. Alguém poderia demorar muitos anos até ver a criança encantada no seu próximo, e, no entanto, ao encontrar uma pessoa estranha, num *flash*, ver nela a criança encantada. Naturalmente, quem gostava de crianças tinha menos obstáculos nesta aventura fascinante. Cada pequena criança por quem eles tinham carinho parecia transformar-se num fio de Ariadne* que levava, através do labirinto da personalidade do indivíduo,

---

* Na lenda grega de Teseu, ao entrar no labirinto para matar o monstro Minotauro – que devorava seres humanos – o herói ganha um longo fio da jovem Ariadne. Uma ponta do fio fica na entrada do labirinto. Então, mesmo desarmado, Teseu mata o monstro e consegue sair do labirinto graças ao fio de Ariadne. (N. ed. bras.)

até o santuário interno onde vivia uma criança encantada.

Uma maravilha nunca deixava de acontecer: cada criança encantada que o cidadão descobria abria os olhos dele, de um modo diferente, para as crianças do mundo. Porque, quanto mais o cidadão amava as crianças pequenas ao seu redor, mais numerosas eram as crianças encantadas que ele era capaz de ver. E quanto maior o número de crianças encantadas que ele via, mais encantadoras eram as crianças ao redor dele, e mais paz elas lhe davam.

Mas, se havia uma criança encantada em cada cidadão, por que ele fazia maldades de vez em quando? Por que desobedecia às leis, não uma vez, mas frequentemente? Por que uma pessoa que tinha em si uma criança encantada desobedecia à lei e se comportava de modo contrário à sua própria natureza? Sem dúvida, era o não eu que fazia o mal. Mas por que, então, alguém tinha um não eu, que trazia desarmonia e confusão para o seu próprio ser? Para que servia o não eu, que causava tantas complicações?

Ninguém tinha resposta para este problema que desafiava a todos. Desde a descoberta de que existia uma criança encantada em cada um, havia ficado evidente que nenhuma punição do não eu que desobedecia às leis havia podido resolver o mistério. Punir o não eu, não aproximava ninguém da criança encantada, porque, depois de cada punição, o não eu reaparecia, como Proteu*, sob uma nova aparência. Toda punição, na medida em que visava reprimir algo, terminava sendo totalmente inútil. Ninguém conseguia reprimir

* Proteu: Deus marinho da Grécia antiga, que era filho de Oceano (Poseidon), e que só podia ser capturado quando estava dormindo, porque, estando acordado, era capaz de assumir todas as formas imagináveis. (N. ed. bras.)

o não eu à força; isso era o que ensinava a longa experiência. Mas, afinal, por que havia um não eu? Como o cidadão poderia ver-se livre dele, e viver para sempre como uma criança encantada, sem obstáculos?

IV
A Criança Divina

Curiosamente, a solução deste problema veio de alguém que nem havia deixado de ser criança, ainda. Segundo todas as aparências externas, ele era apenas uma criança, mas havia algo nele que fascinava a imaginação. Por um motivo: estar na presença dessa Criança Divina fazia com que as pessoas ficassem mais conscientes da criança encantada dentro de si mesmas. Quando alguém estava em sua presença, o mundo inteiro parecia tão pleno de uma intensa fraternidade que era impossível ter qualquer tipo de má vontade, exceto talvez sob a forma de uma vaga ideia que não se concretizava. Era uma experiência maravilhosa, quando alguém estava na presença da criança divina, ver como todas as coisas estavam repletas de um forte sentimento de devoção, e as próprias partículas do ar irradiavam amizade e compaixão, e cada raio de sol transportava uma ternura maternal. A maré de bondade – algo de que as pessoas haviam ouvido falar, mas duvidavam quando imersas na dor – parecia mover-se em remoinho com uma força irresistível em torno da criança divina. Assim como uma turbina transforma a energia de uma queda d'água em eletricidade, a criança divina parecia transformar essa maré de bondade invisível em uma sabedoria que era amor, em um idealismo que era força.

Sempre que alguém obtinha um vislumbre da criança encantada – em si mesmo ou em outra pessoa – ao olhar, depois, para esta criança divina, passava a vê-la também dentro de si mesmo. A criança encantada de uma pessoa não era a mesma de outra pessoa, embora fosse semelhante; mas o grande mistério da criança divina era que ela continha, em si, todas as crianças encantadas que alguém havia visto. Aquele jovem era como todos os homens, porque algo de cada homem – aquela parte que constituía a criança encantada – era inseparável da sua natureza.

Era aquela criança divina que ensinava sobre o mistério do mal. E o fazia não tanto pelo que falava, mas pelo modo como transmitia intensamente um sentimento de amizade por tudo e todos. Aquele jovem despertava uma percepção espiritual em todos, e assim cada um começou a compreender o mistério da vida. E o que ele disse foi o seguinte.

V
O que a Criança Divina Falou

Cada um de vocês – seja bom ou mau – é uma criança encantada. Muito, muito tempo atrás, vocês sabiam tudo sobre a vida e seus mistérios. Viviam em uma Terra de Luz, cheios de contentamento, e respondiam prontamente a tudo que era verdadeiro e bonito. Vocês eram aquela Luz. Ela era sua essência e sua substância. Aquela Luz estava sempre em torno de vocês, através e além de vocês, e ela estava plena de energia, de um contentamento contagiante, chegando até vocês com um amor indescritível que os envolvia em seus braços eternos. Mas além daquela Luz havia um reino de escuridão que a Luz não conseguia penetrar.

E cada um de vocês, inseparável da Luz, amava-a tanto que desejava que não houvesse parte alguma do universo em que aquela Luz não brilhasse em seu esplendor. Uma profunda inquietação surgiu em vocês quando souberam que havia reinos de escuridão. Porque as trevas eram uma negação tão grande da natureza de vocês que não podiam tolerar nem mesmo a ideia de tal coisa. Só havia uma maneira de eliminar a escuridão. Era que cada um entrasse na escuridão com a sua luz, e fizesse, nela, um centro de luz. Então, na medida em que cada centro fosse ficando maior e maior, viria um tempo em que cada esfera de luz iria tocar e unir-se às esferas vizinhas, e assim toda escuridão seria eliminada.

Foi para este trabalho que vocês, crianças da luz, desceram à escuridão. E a escuridão envolveu-os com um véu após outro de matéria. Então, pela primeira vez, foram feitos prisioneiros pelas qualidades da matéria. Correntes e marés de forças estranhas e desconhecidas levavam vocês para lá e para cá. Uma ânsia nasceu em vocês, uma fome de experiências, uma sede às vezes tão enlouquecedora que fazia com que esquecessem sua verdadeira natureza, que era a Luz. Pouco a pouco vocês começaram a opor-se uns aos outros, descobrindo um falso prazer em uma sensação de vitória de um sobre o outro. Surgiram ressentimentos, levando gradualmente a ódios ferozes. O mais lamentável de tudo é que perderam toda a lembrança da Luz, e aceitaram a escuridão como se fosse a sua própria natureza. Começaram a duvidar da existência do bom, do verdadeiro, do belo. A Luz tornou-se para vocês algo não existente, irreal, e a escuridão tomou seu lugar como a única realidade. E, iludidos pela escuridão, vocês fizeram do seu eu e das suas necessidades à medida de todas as coisas, esquecendo que viviam apenas para servir à Luz. No entanto, todo o tempo, vocês, as crianças encantadas, lutavam. A batalha seguia sem descanso. Havia momentos em que faziam a escuridão recuar um pouco, e vocês se proclamavam como sendo a Luz. Mas, no momento em que se sentiam desgastados pela luta e desejavam o seu final, eram traídos. Em tais momentos de cansaço, a escuridão disfarçava-se, apresentando-se como fonte de descanso e conforto. Mas no momento em que vocês começavam a aceitar a sua aparente oferta de descanso, eram inevitavelmente arrastados para baixo e transformados em instrumentos da escuridão. Então o mundo material enganava vocês e os enchia de orgulho, ou luxúria, ou ganância, ou ódio, ou falsidade. O mundo material tinha mil e uma maneiras de seduzi-los e transformá-los em escravos.

À medida que cada um de vocês passava a ser um instrumento da matéria, a qualidade da escuridão que os escravizava dependia da qualidade de vocês como crianças encantadas. Aquela criança encantada que devia contribuir para a Luz com o sentido de força era escravizada pelo orgulho; e aquele que devia enriquecer a Luz com simpatia tornava-se instrumento da crueldade. Cada criança encantada podia fazer um tipo especial de contribuição à Luz, mas cada uma tinha, também, uma maneira especial de esquecer sua verdadeira natureza.

Os filhos dos homens não fazem mal ao acaso. Assim como a forma de cada sombra sugere o perfil do corpo, atrás de cada tipo de maldade reflete-se, de modo pálido e distante, a natureza da criança encantada que luta com a escuridão e anseia pela vitória. Assim como o mal é apenas o lado escuro da bondade, também o orgulho, a temeridade, a crueldade, a luxúria, a ganância e a falsidade têm seus opostos luminosos na autoconfiança, na bravura, na simpatia, na ternura, na renúncia e na versatilidade. Só aquele que conhece este mistério do bem e do mal pode dominar as forças da escuridão. Porque o mal nunca pode ser eliminado pelo ódio, nem pela repressão. O menor ressentimento diante do mal faz com que aquele que odeia seja, ele mesmo, um canal mais amplo para as forças da escuridão. Com este ressentimento, ele invoca mais maldade para o criminoso que está à sua frente. Se ele erradica pela força uma forma de escuridão, faz surgir outra forma, similar à forma de escuridão sob cuja influência ele mesmo está, embora inconscientemente.

Ninguém consegue entender como é que um filho da humanidade pode fazer mal. O único modo de compreendê-lo é obtendo uma visão da criança encantada. Porque, mesmo sob a influência da escuridão, a Luz nunca é totalmente esquecida por um filho da humanidade. Um filho dos homens estende sua mão em busca de um prazer apenas porque lembra, vagamente, da Terra de Luz de onde veio, e deseja pôr um fim a este afastamento. Mas ele compreende que o que busca tem a substância da escuridão e não da Luz. E deste modo cada prazer causa dor, e cada dor cega.

Há apenas um modo de romper a escravidão das trevas. É procurar o que está dentro e renunciar ao que está fora. Cada recusa a procurar por felicidade pessoal, cada decisão de não se revoltar por um golpe recebido, e cada ocasião em que uma observação impessoal substitui a condenação de alguém, abre uma fenda na escuridão que rodeia o filho da humanidade, e um raio de luz da criança encantada desce para iluminar seu coração e sua mente. Assim como a doença desaparece com o surgimento da saúde, assim também, quando a Luz brilha, a escuridão tem que se afastar. Porque vocês são a Luz – sempre – e não necessitam, para sua felicidade e seu crescimento, nada que a própria Luz não possa dar.

VI
Os Amigos da Humanidade

Assim falou a criança divina – o Mensageiro da Luz –, e todos entenderam. Era tão fácil entender quanto enxergar uma luz que brilha no escuro. Todos os que escutaram o Mensageiro da Luz souberam que o que dizia era verdade, porque aquela mesma verdade brotava de dentro deles.

Foi depois que a criança divina afastou-se que começou uma reorganização da vida à luz do seu ensinamento. Cada cidadão que desobedecia às leis era levado a uma audiência com os "amigos da humanidade". Estes eram um grupo seleto de homens e mulheres cujas características básicas eram amor e compreensão. Só eles podiam ser justos, porque julgavam o fora da lei olhando o seu interior e não as aparências. Eles não viviam para condenar nem para aplicar a punição prevista em uma lei, mas para entender por que a Luz havia sido fraca no filho da humanidade que estava diante deles. Assim, cada um deles, em imaginação, voltava atrás, pensamento por pensamento, ação por ação, e repassava todas as esperanças e aspirações anteriores que haviam sido traídas e negadas, até que toda memória da Luz havia desaparecido da mente do filho da humanidade, e as forças da escuridão o haviam dominado. Um homem desobedecia à lei porque estava cego, e estava cego porque havia sido ferido. Este era o lema que orientava aqueles amigos.

Quando eles tentavam curar os feridos, buscavam o remédio em apenas um lugar. Buscavam-no no próprio cidadão que havia desobedecido à lei. Estudavam-no como uma mãe estuda o bebê que tenta alcançar algo fora do seu alcance, mas não sabe distinguir a diferença entre o que está próximo e o que está distante. Às vezes o processo era rápido. Às vezes era lento. Mas eles sempre acabavam vendo a criança encantada naquele que havia desobedecido à lei. A visão da criança encantada revelava qual era o remédio.

Em todos os casos, uma parte do remédio era descansar. Assim, cada cidadão que havia desobedecido à lei recebia meios e condições para descansar, e todos os que cuidavam dele faziam o necessário para que a tensão que o havia levado a desobedecer à lei fosse cedendo pouco a pouco, até que finalmente desse lugar a uma nova harmonia entre todos os aspectos da sua personalidade. A vítima da escuridão era rodeada por todas as coisas que a faziam lembrar da Luz. Aqueles que eram fortes na compreensão da Luz dentro de si mesmos trabalhavam e passavam o tempo livre com a pessoa. Assim a Luz chamava a Luz. Lenta ou rapidamente, de um modo ou de outro, surgia a cura, e o filho da humanidade que desobedecia à lei se transformava na criança encantada que revelava a lei.

VII
A Luz e a Lei

Com a lenta desaparição dos que desobedeciam às leis, o problema de como governar a sociedade ficou mais simples. Cada um começou a governar a si próprio. Mas isso não significava que não houvesse mais necessidade de um líder do povo.

Embora as pessoas agora obedecessem à lei – não por sentirem medo, mas porque a lei havia se tornado parte da própria natureza de cada um – todos sentiam um grande desejo de serem lembrados da existência dela. Pensar sobre a lei passou a cumprir um novo papel na consciência das pessoas. Este era um segundo resultado do ensinamento dado pela criança divina. Quando aquele jovem veio, ele falou da lei; grande parte do que disse parecia misterioso e vago na época, mas agora, que todos procuravam cumprir a lei, viam um profundo significado nos seus ensinamentos sobre a natureza da lei. O que a criança divina disse foi o seguinte:

– "Vocês, que são a Luz, são os reveladores da lei. A Luz brilha de acordo com a lei; ela tem prazer em obedecer às leis do seu brilho. Não há nenhum mecanismo para compelir a Luz a obedecer; no entanto, ela obedece à lei, porque a Luz é Lei, e toda Lei é Luz. Cada criança encantada, na medida em que é a Luz, é também a lei; e é a escuridão que não tem lei, e cada pessoa que renuncia à lei fica sob a influência da escuridão. Obedeçam a uma lei e vocês vencerão com ela uma parte da escuridão. A criança encantada vive sempre de acordo com a lei. Ela sabe discernir o certo do errado, e o útil do inútil, porque cada partícula da Luz brilha de acordo com a lei, e dentro de cada criança encantada estão o Caminho, a Verdade e a Vida. O único prazer da vida é o prazer que se tem na Lei. Tudo que é bonito revela a Lei. Linhas, cores, sons e formas são bonitos porque revelam a Lei. Para cada coisa há uma lei que governa sua existência e sua revelação. O que se fala é bonito ou feio conforme obedece às leis da linguagem ou as contraria, porque as leis da linguagem levam ao ritmo, e o ritmo leva à graça, e a graça à beleza. Uma fala incorreta é uma fala fora da lei, um mau pensamento é um pensamento fora da lei, que se recusa a aceitar com prazer o bem maior do Todo, mas busca satisfação no bem menor da parte, ignorando que a parte só existe para realizar o plano do Todo. Procurem a Lei; sejam a Lei. A Lei é o caminho da Luz."

VIII
O Revelador da Lei

À luz deste ensinamento, para que houvesse felicidade para todos, todos deveriam ser conscientizados sobre a lei. No entanto, ninguém podia aprender sobre a lei através de livros, de fora para dentro. Havia um só caminho – ser despertado para a lei. A criação de leis, por um rei ou por um povo, não acordava uma nação para a lei. A desobediência às leis precisa desaparecer do mesmo modo como a noite desaparece: devido ao brilho do sol. Só quando o líder de uma nação é a personificação da lei, o povo consegue obedecer a lei.

Surgiu, assim, um novo critério para avaliar a grandeza de alguém. Maior era aquele que revelava a lei para o maior número de pessoas. O rei não era mais "o habilidoso", o homem que sabe, o mais esperto da nação; ele era agora *o brilhante*, o Divino, cuja Luz despertava a Lei oculta em todos. Mas como é que um povo podia encontrar aquele que brilhava em meio à multidão?

Eram as crianças que encontravam aquele que brilhava. Elas escolhiam entre si quem se parecia mais com a criança divina, vinda como um Mensageiro da Luz. Em um ano, as crianças escolhiam um menino, e no ano seguinte uma menina. A cada ano, em um grande encontro em que estavam presentes os homens e as mulheres que se ofereciam para seleção, a criança escolhida antes ia até uma das pessoas e lhe dava a mão. Isso era tudo. Mas ninguém questionava ou criticava sua decisão, porque todos sabiam que naquele momento a criança divina vivia na criança escolhida. Era ela que escolhia o revelador da lei para o povo. A cada ano, Aquele que Brilha era escolhido para governar o povo, num ano um homem e, no ano seguinte, uma mulher. Um menino escolhia uma mulher, e uma menina escolhia um homem. Depois de um ano de serviço como Aquele que Brilha, esses homens ou mulheres ingressavam no grupo de Amigos da Humanidade, e trabalhavam como juízes do povo, porque só eles sabiam como amar os seres humanos.

IX
O Grande Segredo

À medida que passavam as gerações e o povo compreendia mais profundamente a natureza da Luz, as pessoas sabiam quem era a criança divina. E chamavam-na de *Dharmaraja* – o *Rei da Lei* na língua sânscrita –, e gostavam de chamar o seu ensinamento de *Rajadharma* – a *Lei do Rei*. As pessoas sabiam que onde houvesse lei, ele estava presente para inspirá-las com sua energia. Obedecer à lei era a mesma coisa que atingir a comunhão com ele. Quanto mais claramente alguém via a criança encantada em si mesmo, ou em outra pessoa, tanto mais gloriosa ficava a visão da criança divina.

E cada um esperava com expectativa o dia em que a criança divina viria para levá-lo de volta até a Casa da Luz. E cada pessoa sabia que naquele momento a criança divina e a criança encantada se tornariam uma só – e seriam a Luz indescritível. A descida até a escuridão e todas as longas lutas para superá-la teriam valido a pena pela descoberta daquele Grande Segredo, preservado por tantas eras para cada uma das crianças encantadas.

X
A Mensagem

I

Não sou tão falho, ou fraco,
que me distancie de ti,
Oh pensamento abençoado!
A falha dará lugar a uma total
pureza,
produzida por ti.
Só há escuridão onde os raios
claros do Sol

não podem chegar;
O pecado só existe quando eu
deixo de olhar
minha casa paterna.

Noites e dias que passam em
maré de mudanças;
Derramem uma bênção
lá onde surge
a dor do meu coração;
Derramem rápido.

II

Quando duvido da minha força
para chegar até a meta,
E o fracasso surge
sem que possa fazer nada;

Então – oh Amor que tudo
compreendes –
eu vôo até ti,
Colocando em ti
a minha dor.

Oh fogo que me purificas
e limpas,
reconstituindo o Paraíso
onde tenho andado;

Permite que minha mente
possa mover-se
impelida pela tua.
E que meu amor revele
teu divino amor.

III

Sou uma flor no jardim
do coração Dele;
E ofereço o perfume
daquela renúncia
que todos os que empreendem
a grande busca devem fazer.

Sou uma chama no altar
do coração Dele;
Estrada eterna
de todas as almas que oram
sem cessar

pela revelação de Deus
e pela cura dos homens.

Sou uma canção da música
do coração Dele;
e canto à bem-aventurança
que une o Todo à parte,
com esforço e alegria:
a única meta
de um longo dia.

Quem foi
C. Jinarajadasa

C. Jinarajadasa nasceu em Sri Lanka, o antigo Ceilão, em 1875. Com 13 anos de idade foi morar na Inglaterra, porque queria dedicar-se integralmente ao estudo e ao trabalho teosófico. O objetivo dele era trabalhar pela elevação espiritual da humanidade.

Estudou em universidades da Inglaterra e França, e viajou por todo o mundo – durante muitos anos – dando palestras para pessoas de todas as idades. Foi um dos maiores líderes teosóficos do século vinte, e ocupou a presidência internacional da Sociedade Teosófica desde 1945 até pouco antes da sua morte, em 1953. Entre os livros que escreveu, há vários para crianças e jovens, e seus poemas místicos foram publicados após sua morte.

Editora Teosófica
Livros para viver melhor

Cartas dos Mestres de Sabedoria
Transcritas e Compiladas por C. Jinarajadasa

A Vida Interna
C. W. Leadbeater

Ocultismo, Semi-Ocultismo e Pseudo-Ocultismo
Annie Besant

Contos Mágicos da Índia
Marie Louise Burke

Mais informações sobre Teosofia e o caminho espiritual podem ser obtidas escrevendo para a Sociedade Teosófica no Brasil, no seguinte endereço: SGAS Quadra 603, conjunto E, s/nº - CEP 70200-630 – Brasília-DF ou pelo site: www.sociedade teosofica.org.br. O telefone é (61) 3226-0662. Também podem ser feitos contatos pelo telefax (61) 3226-3703 ou pelo e-mail: st@sociedadeteosofica.org.br.